Björn Gemmer, Christiane Sauer, Dirk Konnertz

# Mind Mapping

## – fit in 30 Minuten



Kids auf der Überholspur

Bibliografische Informationen
der Deutschen Nationalbibliothek

Die Deutsche Nationalbibliothek verzeichnet diese Publikation in der Deutschen Nationalbibliografie; detaillierte bibliografische Daten sind im Internet über http://dnb.d-nb.de abrufbar.

Herausgeber: Das LernTeam, Marburg
Lektorat: Astrid Hansel, Frankfurt/Main
Layout, Illustrationen, Titel: Ulf Marckwort, Kassel
Illustration Rücktitel: Martina Foßhag, Kassel
Layout, Satz: Frank Werner, Kassel
Druck und Verarbeitung: Salzland Druck, Staßfurt



7. Auflage 2016



Hinweis:
Dieses Buch ist sorgfältig erarbeitet worden. Dennoch erfolgen alle Angaben ohne Gewähr. Weder Autoren noch Verlag können für eventuelle Nachteile oder Schäden, die aus den im Buch gemachten Hinweisen resultieren, eine Haftung übernehmen.

Printed in Germany

ISBN 978-3-89749-133-5

www.gabal-verlag.de
www.gabal-shop.de

# In 30 Minuten auf die Überholspur!

Dieses Buch ist so konzipiert worden, dass du in kurzer Zeit erfährst, wie Mind Mapping funktioniert und wann du es anwenden kannst.

- Jedes Kapitel beginnt mit drei zentralen Fragen, die im Verlauf des jeweiligen Kapitels beantwortet werden.
- Kleine Übungen lassen dich immer wieder aktiv werden. Ihr Schwierigkeitsgrad steigt von Kapitel zu Kapitel.
- Nach jedem Kapitel werden die wichtigsten Inhalte noch einmal zusammengefasst.

Da dieses Buch so klar und deutlich strukturiert ist, kannst du es immer wieder zur Hand nehmen, um schnell die für dich interessanten Teile zu wiederholen. Das Stichwortregister wird dir dabei eine zusätzliche Hilfe sein.

# Inhalt

# Hallo und herzlich willkommen!

*„Ich kann`s bis heute nicht verwinden,*
*deshalb erzähl ich`s auch nicht gern:*
*den Stein der Weisen wollt ich finden*
*und fand nicht mal des Pudels Kern.“*
*Heinz Erhardt*

Es gibt keinen Grund, wegen mangelnder Erfolgserlebnisse in der Schule deprimiert zu sein. Oft hilft schon eine effektivere Herangehensweise, um den Unterrichtsstoff in den Griff zu bekommen und sich so dem „Stein der Weisen“ zu nähern. Wir werden dir mit diesem Buch die Technik des Mind Mappings vorstellen, die den Kern einer Sache ins Zentrum deiner Betrachtungen setzt und ihn von allen Seiten beleuchtet. Keine Angst, das klingt komplizierter als es eigentlich ist.

Mind Mapping ist eine Technik, mit der du gehirngerecht und daher erfolgreich arbeiten kannst. Besonders, wenn

- du ständig vergisst, was du mühsam gelernt hast,
- deine Mitschriften nicht selten im Chaos enden,
- dir bei Aufsätzen nichts einfällt,
- es dir schwer fällt, etwas frei vorzutragen, oder
- du Sachverhalte oft verwechselst,

dann werden dir Mind Maps dabei helfen, deine schulischen Probleme zu meistern.

Mind Maps eignen sich hervorragend, um
- Texte schnell und sicher auszuwerten,
- Protokolle anzufertigen und Notizen zu machen,
- Lernstoff zu verinnerlichen und zu wiederholen,
- kreative Aufsätze und Hausarbeiten zu schreiben,
- Referate vorzubereiten und zu präsentieren sowie
- Vorhaben, wie Feste oder Radtouren, zu planen.

Da du Mind Maps so vielseitig einsetzen kannst, helfen sie dir nicht nur in der Schule weiter. Mit Mind Mapping lernst du ein Verfahren kennen, das du auch in deiner Freizeit und in deinem späteren Berufsleben einsetzen kannst. Wann immer du kreativ sein, Informationen verarbeiten oder Projekte durchführen sollst, kannst du von Mind Mapping profitieren.

Wie Mind Maps sinnvoll erstellt werden und wann du sie effektiv einsetzen kannst, zeigen wir dir anhand zahlreicher Tipps und Beispiele in diesem Buch.

**Viel Spaß und Erfolg wünschen dir**

**Björn Gemmer, Dirk Konnertz & Christiane Sauer (www.lernteam.de)**

# 1. Was ist Mind Mapping?

**Was ist das Besondere an Mind Mapping?**

**Warum ist Mind Mapping eine hilfreiche Arbeits- und Lerntechnik?**

**Wie kannst du Mind Maps erstellen?**

Mind Mapping ist kein fauler Zauber, sondern eine Lern- und Arbeitstechnik, die vom englischen Pädagogen Tony Buzan aus Erkenntnissen der Hirnforschung entwickelt wurde. Sie nutzt die Vorteile von bildlichen Darstellungen, die auch bei der Bilderschrift Fernostasiens oder beim Erstellen von Stammbäumen, Diagrammen oder technischen Zeichnungen verwendet werden.

Mind Mapping hat weit zurückliegende Wurzeln und ist zugleich sehr modern, da es neueste Forschungsergebnisse berücksichtigt.

Eine Mind Map – zu deutsch: Gedächtnis-Karte – dreht sich immer um ein bestimmtes Thema, das von verschiedenen Seiten betrachtet oder in seine Bestandteile zerlegt wird.

Es gibt klare Regeln, die dir sagen, wie Mind Maps entwickelt werden. Du kannst Mind Maps aber auch ganz individuell nach deinem persönlichen Geschmack gestalten. Es gibt sogar Computerprogramme, die dich beim Mind Mapping unterstützen.

Mind Mapp

# Warum Mind Mapping funktioniert

Eine zentrale Idee des Mind Mappings ist es, neben Worten auch Bilder einzusetzen, um Sachverhalte zu erklären. Du kannst auch die Mind Map selbst als Bild auffassen. Neben dem ausgeklügelten Aufbau einer Mind Map sind die Bilder das Geheimnis ihres Erfolges.

## Die Wurzeln des Mind Mappings

Die Verknüpfung von Bildern und Schrift ist alles andere als neu. So sind die ersten uns bekannten Schriftzeichen, die Hieroglyphen, eigentlich nichts anderes als Bildzeichen, die anstelle von Buchstaben verwendet wurden. Sie entstanden vor etwa 5000 Jahren in Ägypten. Im Laufe der Zeit kam die reine Bilderschrift vor allem in Europa immer mehr aus der Mode und erhielt mit der Erfindung des Buchdrucks dort im 15. Jahrhundert sozusagen ihren endgültigen Todesstoß. Dennoch ist die Bilderschrift keineswegs völlig verschwunden. So ist die chinesische Schrift eine Mischung aus Bildern und Lautschrift und wird in ihrer jetzigen Form seit über 1500 Jahren verwendet.

In Europa erkannte der katalanische Philosoph Ramon Llull im 14. Jahrhundert, dass es sehr hilfreich sein kann, strukturiert angeordnete Bilder anstelle von Text einzusetzen. Man verwendet seine Technik noch heute, um Verwandtschaftsverhältnisse aufzuzeigen. Du kannst Ramon Llull somit als Erfinder des Stammbaums betrachten.

## Mind Mapping und Hirnforschung

Wir Menschen haben nicht nur zwei Augen und Ohren, sondern auch zwei Gehirnhälften. Der Hirnforscher Dr. Roger Sperry kam bezüglich dieser Gehirnhälften im Jahre 1962 zu einer erstaunlichen Erkenntnis: Beide nehmen völlig unterschiedliche Aufgaben wahr.

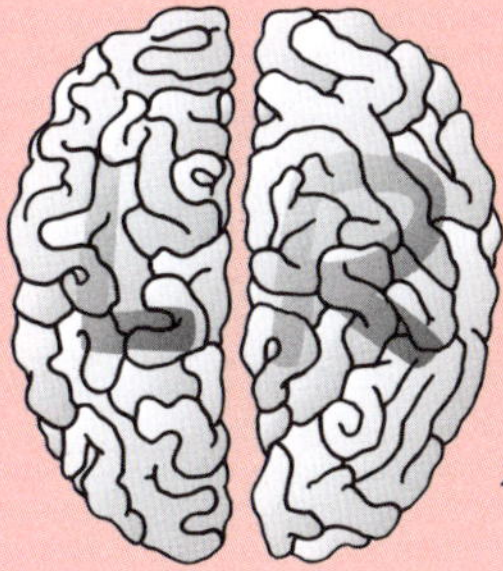


Der englische Pädagoge Tony Buzan hat mit Mind Mapping eine Lern- und Arbeitstechnik entwickelt, die diese Erkenntnisse berücksichtigt. Während du beim Mind Mapping schreibst und strukturierst, nutzt du deine linke Gehirnhälfte. Da du aber auch Symbole und Bilder verwendest und mit einer Mind Map stets das ganze Thema überblickst, nutzt du zusätzlich die rechte Hälfte. Indem du sogenannte Schlüsselwörter anstelle vieler Worte einsetzt, förderst du die Speicherung im Langzeitgedächtnis.

## So wird's gemacht

Um sicherzustellen, dass du beim Mind Mapping beide Gehirnhälften sinnvoll einsetzt, solltest du die folgenden Regeln beachten. Auf der nächsten Seite findest du eine Beispiel-Mind-Map zum Thema „Mein Freund Thomas".

### Papier

Nimm Papier ohne Kästchen oder Linien, um deinen Zeichenfluss nicht zu behindern. Du kannst deine Mind Maps übersichtlich gestalten, indem du große Blätter verwendest. Je nach Umfang des Themas können dies DIN A4 oder doppelt so große Zeichenblockblätter sein. Für Riesen-Mind-Maps zur Wiederholung oder Präsentation bieten sich Tapetenrollen an. Da dein Blickfeld breiter ist als hoch, solltest du beim Mind Mapping das Papier im Querformat verwenden.

### Thema

Das Thema einer Mind Map stellt den Mittelpunkt deiner Überlegungen dar und wird deshalb auch in die Mitte des Blattes geschrieben. Von dort aus arbeitest du dich nach allen Seiten vor, ähnlich wie Wellenkreise auf einer Wasseroberfläche. Wenn dir für das Thema ein passendes Bild einfällt, setz es anstelle des Wortes in die Mitte deiner Mind Map. Das gibt der Mind Map eine persönliche Note und du kannst sie dadurch besser von anderen unterscheiden.

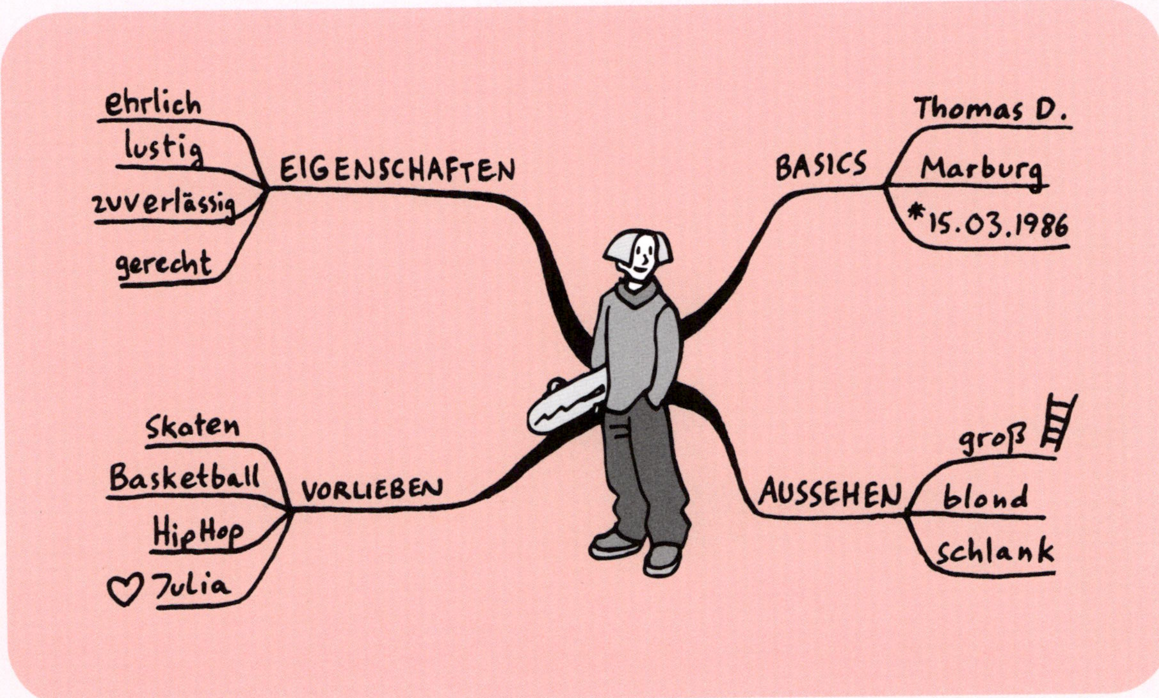
EIGENSCHAFTEN
ehrlich
lustig
zuverlässig
gerecht
BASICS
Thomas D.
Marburg
*15.03.1986
VORLIEBEN
Skaten
Basketball
HipHop
♡ Julia
AUSSEHEN
groß
blond
schlank

## Äste und Zweige

Ein Hauptmerkmal der Mind Maps ist ihre besondere Struktur. Beim Mind Mapping wird das Thema von innen nach außen immer weiter aufgeschlüsselt. Es verzweigt sich dadurch wie eine Baumkrone. Beachte folgende Regeln:

- Direkt am Thema setzen die dicken Äste an, auf denen du die wichtigsten Punkte notierst.
- Die einzelnen Äste gehen in dünne Zweige über, mit denen du den jeweiligen Ast näher beschreiben kannst.
- Du solltest darauf achten, dass die Äste und Zweige ungefähr gleich lang sind wie die dazugehörigen Wörter.
- Kommt ein Begriff auf mehreren Zweigen vor, dann hat er vielleicht einen eigenen Ast verdient.
- Beschrifte stets so, dass du deine Mind Maps nicht drehen musst, um sie zu lesen. Nur so kannst du sie dir als festes Bild einprägen.
- Mit der Anordnung der Äste kannst du die Reihenfolge vorgeben, in der die Mind Map zu lesen ist. Beginne oben rechts, sozusagen bei 1 Uhr, und zeichne im Uhrzeigersinn weiter.
- Falls die Reihenfolge egal ist, du aber noch nicht weißt, wie sich deine Mind Map entwickeln wird, leg die Äste so an, als würdest du eine Torte schneiden.

## Schlüsselwörter

Beim Mind Mapping solltest du pro Ast oder Zweig möglichst nur *ein* Wort verwenden, das den jeweiligen Aspekt kurz und knackig beschreibt. Man nennt solche Wörter „Schlüsselwörter". Sie lösen in deinem Gehirn einen Domino-Effekt aus, wie bei einem Schauspieler, der bei Textschwierigkeiten meist nur ein Stichwort braucht, um weiter zu wissen. Schlüsselwörter wecken Assoziationen in deinem Kopf und vermitteln so in kürzester Zeit sehr viele Informationen. Auf dem Stopp-Schild ist das Schlüsselwort „Stop" zu lesen. Es sagt dir sofort, was zu tun ist. Man braucht das Schild nicht mit ganzen Sätzen beschriften wie: „Bitte bremsen Sie, sodass Sie an der weißen Linie zum Stehen kommen und blicken Sie anschließed nach links und rechts, um den vorfahrtberechtigten Verkehr beobachten zu können. Wenn sich kein Fahrzeug nähert, dürfen Sie weiter fahren, wenn doch, warten Sie!" Dank der Schlüsselwörter gibt es also weniger Chaos – sowohl auf der Straße als auch in deinem Kopf!

## Schrift

Beschrifte Äste und Zweige in Druckschrift! Dicke Äste sollten mit fetten Großbuchstaben beschriftet werden, dünne Zweige entsprechend mit feinen Linien und in normaler Schreibweise. Es ist außerdem sinnvoll, für die Äste eine größere Schrift zu wählen als für die Zweige.

## Farben

Hast du dich jemals gefragt, warum Post-its gelb sind? Genau: damit sie auffallen! Gelb ist die Farbe, die dir als erste ins Auge sticht.

- Was in deiner Mind Map zuerst auffallen soll, solltest du also gelb zeichnen.
- Stellen, die besonders wichtig sind oder an denen mögliche Fehler lauern, solltest du rot markieren.
- Farben können sich auch auf den Inhalt deiner Mind Map beziehen. In einer Mind Map über Wirbeltiere wie auf Seite 59 könntest du den Ast mit den Reptilien grün zeichnen, den mit den Meeressäugern blau.

Alles in allem helfen dir Farben, deine Mind Map zu gliedern, sie übersichtlicher zu gestalten und dich besser an sie zu erinnern.

## Bilder und Symbole

Um deine rechte Gehirnhälfte noch stärker einzubeziehen, solltest du möglichst viele Bilder in deine Mind Maps einbauen. Sie wecken Assoziationen, helfen dir, Mind Maps voneinander zu unterscheiden und unterstützen dein Gedächtnis. Häufig vorkommende Schlüsselwörter kannst du durch Symbole ersetzen, z.B. ein Handy für „anrufen“ in einer Planungs-Mind-Map.

# Baum, Fischgräte oder Blase?



Mind Maps müssen keineswegs immer so aussehen wie das Beispiel von Seite 13. Anstelle von Ästen und Zweigen kannst du auch Fischgräten zeichnen:

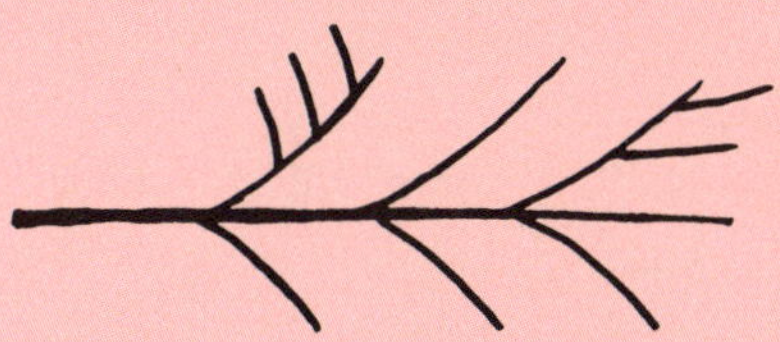

Bei der Blasentechnik werden die Schlüsselwörter mit Blasen eingekreist, wie auf Seite 57. Solche Mind Maps lassen sich zwar oft nicht so gut gliedern, dafür aber schneller und einfacher zeichnen als solche mit Ästen und Zweigen. Welche Form des Mind Mapping du wählst, bleibt dir überlassen. Wichtig ist, dass dir deine Mind Maps gefallen. Wenn sie dich ansprechen, kannst du sie dir auch merken.

## Das Clustering

Die amerikanische Lehrerin Gabriele L. Rico hat eine Lern- und Arbeitstechnik entwickelt, die dem Mind Mapping von Tony Buzan sehr ähnlich ist. Auch hier steht das Thema im Zentrum und wird nach allen Seiten hin aufgeschlüsselt. Allerdings gibt es keine bestimmte Struktur. Beim Clustering schreibst du die Schlüsselwörter um das Thema herum, kringelst sie ein und verbindest sie schließlich durch Linien, und zwar in der Reihenfolge, in der sie dir eingefallen sind. Da keine geistige Energie benötigt wird, um zu gliedern und zu strukturieren, und da überwiegend die rechte Gehirnhälfte beansprucht wird, eignet sich das Clustering als kreative Technik, um Ideen zu entwickeln. Aus dem Cluster kannst du dann eine Mind Map entwickeln.

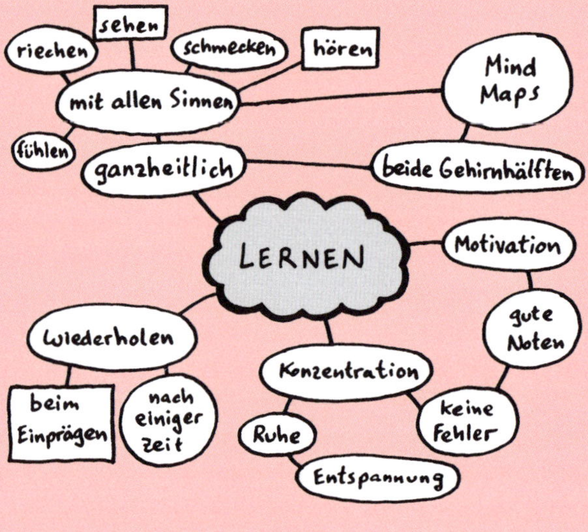


## Mind Mapping mit dem PC

Wenn du Schwierigkeiten hast, ansprechende Mind Maps per Hand zu erstellen, oder das Mind Mapping bei Präsentationen nutzen willst, kannst du Computerprogramme zu Hilfe nehmen. Diese Programme berücksichtigen die wesentlichen Regeln, können Ast für Ast abgerufen werden und

verfügen über eine große Anzahl von Bildern und Symbolen, die du selbst leicht erweitern kannst.
Wir empfehlen dir die Programme der Firma Mindjet (www.mindjet.de). Für Anfänger bietet sich das preiswerte und leicht überschaubare „eMindMaps“ an, Profis können sich an den „MindManager“ wagen.

## Übung

Du hast nun die wichtigsten Regeln und verschiedene Darstellungsformen des Mind Mappings kennengelernt. Jetzt bist du dran: Erstell eine Mind Map zum Thema „Mein bester Freund“ oder “meine beste Freundin“. Du kannst die Beispiel-Map von Seite 13 als Vorlage verwenden.

## Zusammenfassung

- **Erkenntnisse der Hirnforschung erklären, warum Mind Mapping eine hilfreiche Arbeits- und Lerntechnik ist.**
- **Beim Erstellen von Mind Maps solltest du Blanko-Papier im Querformat benutzen, das Thema als Mittelpunkt wählen, durch Äste und Zweige eine klare Struktur schaffen sowie Schlüsselwörter, Farben und Bilder einsetzen.**

- **Auch mit deinem PC und speziellen Programmen kannst du Mind Maps erstellen.**

# 2. Infos rein in den Kopf

Welche Möglichkeiten gibt es, um einen Text sinnvoll auszuwerten?

Wie kannst du dir deinen Lernstoff leichter und länger merken?

Wie erstellt man einfach und effizient ein Ergebnisprotokoll?

*„Um sich begreiflich zu machen, muss man zum Auge reden." Johann Gottfried von Herder*

Dass in Herders Zitat sehr viel Wahres steckt, kannst du dir leicht überlegen. Oder hättest du die Regeln des Mind Mapping verinnerlicht, wenn wir dir nicht das Beispiel von Seite 13 vorgegeben hätten? Wie viel ist wohl eine Bedienungsanleitung für eine HiFi-Anlage wert, die keine Abbildungen enthält?
Denk mal darüber nach und überleg, in welchen Situationen dir eine Sache erst dann wirklich verständlich wurde, als du ein Schaubild oder eine Skizze dazu angefertigt hast.

Wahrscheinlich hast du sehr viele solcher Situationen erlebt, denn Lernen beginnt mit Verstehen und du verstehst erst dann, wenn du dir etwas „vor Augen führst".
Mind Mapping hat genau diesen Aspekt des Lernens zum Ziel. Durch Mind Mapping führst du dir den Lernstoff vor Augen – du visualisierst ihn. Du beschäftigst dich mit dem Lernstoff und arbeitest ihn gehirngerecht auf. Die fertig erstellte Mind Map spricht dann beide Gehirnhälften an und lässt sich dadurch leichter einprägen.

# Texte sicher auswerten

Was im Laufe deiner Schulzeit immer mehr an Bedeutung gewinnt, ist das Auswerten von Texten. In fast allen Fächern musst du Texte schnell verstehen und ihre wesentlichen Aussagen sicher behalten können. Wie du mit Mind Mapping Texte, Artikel oder ganze Bücher auswerten kannst, erklären wir dir mit dem folgenden 6-Punkte-Programm:

## 1. Vorschau

Zuerst solltest du den Text überfliegen, d.h. konkret:

- Lies, falls vorhanden, die Zusammenfassung!
- Betrachte Überschriften sowie fett gedruckte und unterstrichene Wörter.
- Schau dir, sofern vorhanden, die Abbildungen und deren Beschreibungen an.

## 2. Fragen

Du hast nun einen groben Überblick über das Thema des Textes gewonnen. Frag dich, was die zentralen Aussagen sind und welche Absicht der Autor mit diesem Text verfolgt.

## 3. Lesen

Lies den Text sorgfältig und versuch dabei, die Fragen, die du im zweiten Schritt gestellt hast, zu beantworten. Denk über das Gelesene nach und überleg, was du zu diesem Thema schon weißt.

## 4. Markieren

Nachdem du den Text gelesen hast, markier oder unterstreich die Schlüsselwörter im Text. Achte darauf, nie mehr als 10 Prozent des Textes zu unterstreichen.

## 5. Mind Mapping

Endlich ist es soweit! Verwende die von dir gefundenen Schlüsselwörter, um damit eine Mind Map zu erstellen. Dazu musst du wichtige Schlüsselwörter auf Hauptäste schreiben und dazugehörige Unterpunkte als Zweige anfügen. Diese Struktur gibt der Autor oft vor, denn bei klar gegliederten Texten können die Überschriften als Schlüsselwörter für die Äste verwendet werden. Mögliche Schlüsselwörter für die Zweige sind im Text häufig unterstrichen oder kursiv geschrieben.

## 6. Kritik und Test

Zum Schluss betrachte deine Mind Map kritisch und „fotografier" sie dabei in dein Gedächtnis. Nach eventuellen Verbesserungen oder Ergänzungen solltest du deinen Lernerfolg testen, indem du deine Mind Map ein zweites Mal aus der Erinnerung aufzeichnest.

## Probier's aus!

Werte den Text der folgenden drei Seiten aus. Auf Seite 27 ist dafür bereits eine Mind Map vorbereitet.

*Übungstext*

24

## Schule und Internet

Das Internet entwickelt sich zielstrebig zum wichtigsten Medium unseres modernen Kommunikationszeitalters. In fast allen Bereichen des täglichen Lebens hält es Einzug. Mittlerweile regeln wir Bankgeschäfte online, nutzen Kleinanzeigen und Jobbörsen im Internet, schreiben E-Mails, gewinnen Informationen über unsere Hobbies und suchen Urlaubsorte online aus. Da liegt die Vermutung nahe, dass das World Wide Web auch für die Schule sinnvoll genutzt werden kann.

Als **Netzwerk** unzähliger Datenquellen bietet das Internet große Vorteile gegenüber herkömmlichen Informationsquellen. Es ist äußerst *vielfältig* und *umfangreich*. Was immer man gerade wissen will, es lohnt sich in den meisten Fällen, die Antwort im Netz zu suchen. Darüber hinaus stehen die gewünschten Informationen sehr *schnell* zur Verfügung. Zumindest würde der Besuch einer Bibliothek mehr Zeit in Anspruch nehmen. Außerdem ist das Beschaffen von Informationen durch das Internet äußerst *bequem*, denn an die Stelle des Ausleihens, Abschreibens oder Kopierens tritt ein einziger Maus-Klick zum „Downloaden" oder „Ausdrucken". Doch es gibt auch Nachteile. Der Zugang zum Internet muss zunächst eingerichtet werden und es fallen bei langzeitiger Nutzung recht hohe *Telefongebühren* an – derzeit ca. 2 Pfennige pro Minute. Die eben noch angepriesene große *Auswahl* an Datenquellen kann gleichermaßen zur Last werden. Ohne den richtigen Umgang mit Suchmaschinen fühlt man sich schnell wie bei der sprichwörtlichen Suche nach der Nadel im Heuhaufen.

Dennoch – als **Informationsquelle** ist das Internet unübertroffen und schreit förmlich nach einem Platz in der Schule, wo Informationen ausgetauscht und Wissen vermittelt wird. Insbesondere im Hinblick auf Referate lohnt es, das World Wide Web in die Vorbereitungen einzubeziehen. Man kann sich im Netz sowohl einen allgemeinen *Überblick* über ein Thema verschaffen als auch *Spezialwissen* dazu in Erfahrung bringen. Neben Referaten kann das Internet auch bei Hausaufgaben eine Hilfe darstellen. Via E-Mail ist ein *Ergebnisvergleich* möglich und in eigens dafür eingerichteten chatrooms kann man um Hilfe bitten, wenn man selbst nicht weiter weiß. Das ist vielleicht nicht im Sinne des Lehrers, aber immer noch besser, als sich gar nicht mit der Hausaufgabe zu beschäftigen. Bekannte Seiten, die Wissen für Referate und Hausaufgaben bereitstellen sind:

- *www.fundus.org,*
- *www.referate.net,*
- *www.hausaufgaben.de* oder
- *www.spickzettel.de.*

Eine weitere Schnittstelle von Schule und Internet stellen die **Lieblingsfächer** der Schüler dar. Das Internet bietet die Möglichkeit, sich über den Unterricht hinaus mit seinem Lieblingsfach oder Leistungskursfach zu beschäftigen. Dazu gehört z.B., Neuigkeiten in Erfahrung zu bringen. Gerade in Fächern wie Biologie oder Physik, in denen ständig neue Entdeckungen gemacht werden, lohnt es sich, Hochschulseiten zu besuchen, die ihre Forschungsergebnisse allgemein verständlich darstellen. Im Internet erfahren Schüler außerdem von Workshops, die von Universitäten oder der Industrie angeboten werden, um Nachwuchs zu werben. Außerdem finden online zahlreiche Wettbewerbe statt, in denen Wissen zu einem bestimmten Fach abgefragt wird oder Knobelaufgaben zu lösen sind.

Dazu kommt, dass das Internet auch **außerschulisch** Bildung und Wissensvermittlung unterstützen kann. So wird die Planung einer Exkursion durch das Netz sehr vereinfacht. Klassen können ihre Ausflüge selbst organisieren. Dazu gehört, Ausflugsziele online zu betrachten und Termine und Orte von Austellungen per Maus-Klick abzufragen. Spielpläne von Theatern in Schulnähe sind im Netz zu finden, genauso wie Öffnungszeiten von technischen Museen oder Kunsthallen.

Zum Schluss bleibt anzumerken, dass die zahlreichen Verbindungen von Schule und Internet nur angedeutet werden konnten. Wer weitere Anwendungsmöglichkeiten sucht und mehr über den **Umgang** mit dem Internet erfahren möchte, der kann auf Ferienkursen von „Das LernTeam" (www.lernteam.de) oder in dem Buch „Internet – fit in 30 Minuten" Antworten finden.

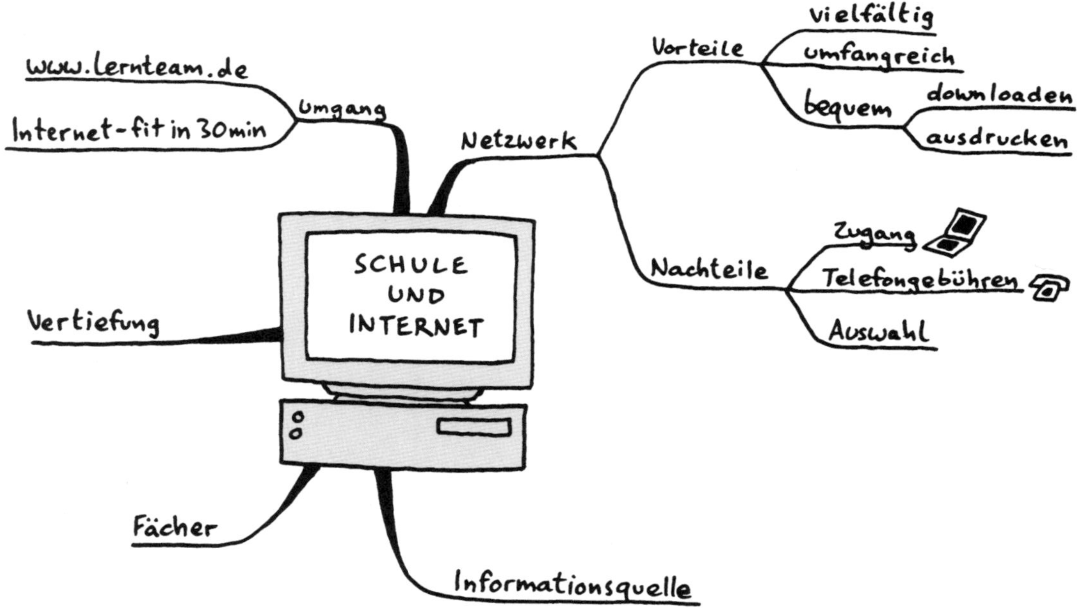
SCHULE
UND
INTERNET
Umgang
www.lernteam.de
Internet-fit in 30min
Netzwerk
Vorteile
vielfältig
umfangreich
bequem
downloaden
ausdrucken
Nachteile
Zugang
Telefongebühren
Auswahl
Vertiefung
Fächer
Informationsquelle

# Im Unterricht mitschreiben

Selten wird nur genau das an die Tafel geschrieben, was du notieren und dir merken sollst. In der Regel musst du selbst das Wichtigste herausfiltern und mitschreiben. Häufig werden Protokolle von dir verlangt bei:

- Sitzungen der SV oder der Schulkonferenz,
- Versuchen in naturwissenschaftlichen Fächern oder
- Vorträgen oder Diskussionen.

Dabei sollte ein Protokoll stets knapp und genau sein und nur wesentliche Informationen beinhalten. Doch oft enden solche Mitschriften im Chaos, da das Thema unklar ist, du beim Schreiben nicht mitkommst oder Punkte angesprochen werden, die du selbst längst abgehakt hattest. Besonders schwierig wird es dann beim Erstellen von *Ergebnisprotokollen*, die sich von *Verlaufsprotokollen* dadurch unterscheiden, dass sie nach den wesentlichen Ergebnissen und nicht nach dem tatsächlichen zeitlichen Verlauf gegliedert sind.

## Mit Mind Mapping wird's einfacher

Mit Mind Mapping kannst du auf einfache Art gute Ergebnisprotokolle erstellen, denn:

- Du behältst den Überblick.
- Das Thema in der Mitte gewährleistet, dass du dicht dran bleibst und dich nicht in Einzelheiten verlierst.

- Einen Gedankensprung des Redners kannst du leicht durch den „Sprung" auf einen anderen Hauptast deiner Mind Map berücksichtigen.
- Du kannst deine Mind Map leicht ergänzen. „An einen runden Tisch passt immer noch ein Stuhl" – und in eine Mind Map immer noch ein Ast.
- Verbindungen und Folgerungen kannst du durch Pfeile zwischen den jeweiligen Ästen aufzeigen.

## Tipps und Tricks

Du kannst das Protokollieren durch Mind Mapping weiter vereinfachen, wenn du folgende Tipps beachtest:

- Bitte den Redner, zu Beginn einen Überblick über die wichtigsten Punkte seines Vortrages zu geben. Mach diese Punkte zu Hauptästen deiner Mind Map.
- Schreib nicht gleich alles auf! Hör zunächst zu, bis du ein Schlüsselwort für das Gesagte gefunden hast.

## Wenn es zu schnell geht…

sollest du folgendes beachten, um nichts zu verpassen:

- Kümmere dich *später* um Farben und Symbole!
- Verwende Abkürzungen für die Schlüsselwörter!
- Arbeite zunächst unsauber oder ähnlich wie beim Clustering und erstell nachher eine ordentliche Mind Map!

Ein Beispiel für ein Ergebnisprotokoll in Form einer Mind Map findest du auf der folgenden Seite.

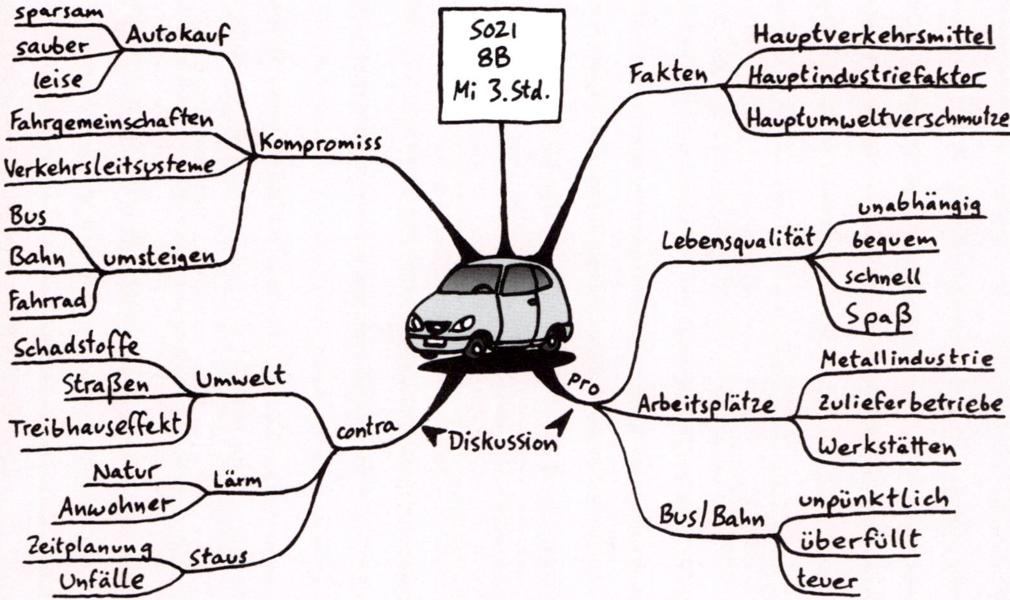
SO21
8B
Mi 3. Std.
Kompromiss
Autokauf
sparsam
sauber
leise
Fahrgemeinschaften
Verkehrsleitsysteme
umsteigen
Bus
Bahn
Fahrrad
Fakten
Hauptverkehrsmittel
Hauptindustriefaktor
Hauptumweltverschmutzer
contra
Umwelt
Schadstoffe
Straßen
Treibhauseffekt
Lärm
Natur
Anwohner
Staus
Zeitplanung
Unfälle
Diskussion
pro
Lebensqualität
unabhängig
bequem
schnell
Spaß
Arbeitsplätze
Metallindustrie
Zulieferbetriebe
Werkstätten
Bus/Bahn
unpünktlich
überfüllt
teuer

Es steht eine Prüfung an und du hast keine Idee, wie du die Unmengen an Lernstoff in deinen Kopf bekommen sollst? Mind Mapping nimmt dir diese letzte Phase der Prüfungsvorbereitung zwar nicht ab, aber es gestaltet sie einfacher und effizienter:

## 1. Verschaff dir einen Überblick!

Prüf zunächst, welche Unterrichtsinhalte für die Prüfung relevant sind. Bastle daraus eine Riesen-Mind-Map, deren Äste die wichtigsten Themen wiedergeben und auf deren Zweigen die wichtigsten Begriffe zu den einzelnen Themen zu finden sind. „Fotografier" diese Riesen-Mind-Map in dein Gedächtnis! Du gewinnst so einen Überblick über das, was du wissen musst. Dieser Überblick ist aus drei Gründen besonders wichtig:

- Du kannst dein weiteres Vorgehen besser planen.
- Du entdeckst evtl. Verbindungen zwischen den Themen.
- Der Überblick hilft dir, bei der Prüfung Antworten oder Lösungsstrategien schneller zu finden, denn jede Frage oder Aufgabe muss etwas mit einem deiner Mind-Map-Äste zu tun haben! Auf der folgenden Seite findest du eine solche Riesen-Mind-Map zum Thema „Ebene Geometrie".

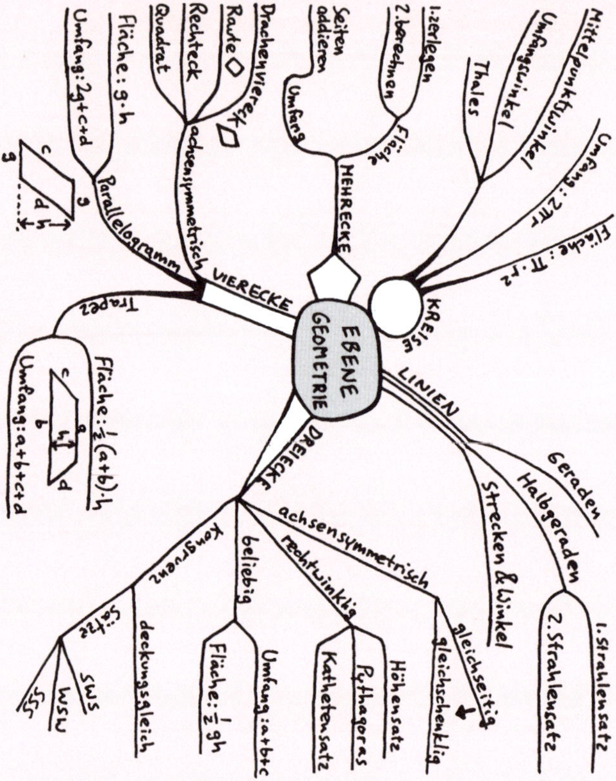


## 2. Erarbeite die Einzelheiten!

Füll dein Überblickswissen mit Inhalt, indem du für jeden Hauptast deiner Riesen-Mind-Map eine eigene Mind Map erstellst. Diese sollte dann mehr Einzelheiten enthalten als die Zweige deiner Riesen-Mind-Map. Bezogen auf das Beispiel von Seite 30 könnte das bedeuten, dass du nicht nur „Pythagoras“ als Schlüsselwort lieferst, sondern dessen Satz formulierst und Übungen dazu rechnest. Die Mind Maps, die du in diesem zweiten Schritt erstellst, sind sehr wichtig. Präg sie dir genau ein und sprich dir ihren Inhalt aus dem Gedächtnis vor.

### 3. Erstell eine Spickzettel-Map!

Was einfach nicht in deinen Kopf will, solltest du zum Schluss in Form einer Spickzettel-Map aufschreiben, die du dir kurz vor (nicht während!!!) der Prüfung noch einmal anschauen kannst.

## Zusammenfassung

**Mind Mapping hilft dir dabei, Lernstoff schnell und effizient zu erarbeiten und langfristig zu behalten. Mit Mind Mapping kannst du Texte auswerten, Protokolle erstellen und letzte Prüfungsvorbereitungen treffen.**

- **Bei der Textauswertung solltest du schrittweise vorgehen: einen Überblick gewinnen, nach der Idee des Autors fragen, lesen, Schlüsselwörter markieren, eine Mind Map erstellen und diese auswendig wiedergeben.**
- **Mind Mapping ist schnell und flexibel und eignet sich daher zum Anfertigen von Ergebnisprotokollen.**
- **Mit Riesen-Mind-Maps *und* Mind Maps zu Teilaspekten lernst du sinnvoll für Prüfungen.**

# 3. Wissen aktivieren und besser nutzen

Wie lenkst du deine Gedanken bei Aufsätzen und Referaten in die richtige Richtung?

Wie kann man Mind Maps zur Planung von Ausflügen u.ä. nutzen?

Wie präsentierst du die Ergebnisse deiner Arbeit am besten?

*„Der Anfang ist die Hälfte des Ganzen."*
*Aristoteles*

Mind Mapping ist nicht allein eine Technik, mit der du durch Strukturen und Bilder den Lernstoff leichter verarbeiten und behalten kannst, wie es im letzten Kapitel beschrieben wurde, sondern in erster Linie auch eine hilfreiche Arbeitstechnik, wenn Kreativität gefragt ist, z. B. wenn du

- Aufsätze, Referate oder Briefe schreiben möchtest,
- die zündende Idee für eine Aufgabe brauchst oder
- Projekte planen willst, bei denen du vieles berücksichtigen musst,

dann ist Mind Mapping ein möglicher Anfang (und damit, nach Aristoteles, schon die halbe Miete).

Das liegt daran, dass Mind Mapping bewusst deine rechte Gehirnhälfte anspricht, in der Assoziationen geweckt werden und kreative Einfälle entstehen. Außerdem helfen dir die Struktur und die überschaubare Form der Mind Maps, den Überblick zu behalten und alle Aspekte eines anstehenden Vorhabens zu berücksichtigen.

In diesem Kapitel erfährst du nun, wie du Mind Maps einsetzen kannst, um diese Vorteile zu nutzen.

aktivieren

Erlebnisbericht, Schilderung, Referate, Hausarbeiten… Es ist immer wieder erschreckend, wie lange man vor einem weißen Blatt Papier sitzen kann! Der Anfang ist einfach das Schwierigste. Und selbst wenn man mühsam einige Stichpunkte zusammengetragen hat, scheint der Weg zu gut formulierten Sätzen, die fließend ineinander übergehen und den roten Faden stets erkennen lassen, noch unendlich lang. Mind Mapping verkürzt diesen Weg, indem es an den entscheidenden Stellen deine Gedanken in die richtige Richtung lenkt. Betrachte der Reihe nach die folgenden Wegweiser!

## 1. Brainstorming

Zu Beginn solltest du dir etwa 15 Minuten Zeit nehmen, um all das aufzuschreiben, was dir zum gegebenen Thema einfällt. Man nennt dieses Ideensammeln „Brainstorming". Bei Prüfungen ist es eventuell sinnvoll, dafür weniger Zeit vorzusehen. Beachte aber stets folgende Regeln:

- Verwende für die ersten Notizen das Clustering (Seite 17). Dabei können deine Gedanken freier fließen, weil du deine Ideen kaum gliedern musst.
- Schreib *alles* auf, was dir in den Sinn kommt – und wenn es noch so verrückt klingt, denn die verrücktesten Ideen sind oft die besten.

- Wenn du einen völlig neuen Einfall hast, leg dafür einen neuen „Ast“ in deinem Cluster an.
- Verwende Bilder und Symbole! Das spricht deine rechte Gehirnhälfte an und weckt neue Assoziationen.

**Tipp**

Versuch's mal zusammen mit Freunden! Vier oder sechs Personen fällt immer mehr ein als einer einzelnen. Außerdem wecken die Ideen der anderen neue Einfälle bei dir. Als Mind-Mapping-Experte könntest du alles, was gesagt wird, zu Papier bringen.

### 2. Strukturiere

Wenn du keine neuen Einfälle mehr hast, kannst du dein Cluster in eine Mind Map umwandeln. Dabei solltest du:

- eine sinnvolle Gliederung der Mind Map finden,
- Begriffe aus dem Cluster in Schlüsselwörter umformulieren und nach dem Übertragen im Cluster streichen,
- mit Farben, Bildern und Symbolen arbeiten,
- eventuell Ergänzungen vornehmen,
- Unsinniges und Überflüssiges streichen sowie
- Verbindungen und mögliche Überleitungen durch Pfeile markieren.

### 3. Schmück aus

Nun kannst du nähere Informationen zu den Schlüsselwörtern finden, indem du das Internet oder das Verfahren zur Textauswertung aus Kapitel 2 benutzt. Oft ist es wichtig, gute Formulierungen zu finden. Auch dabei hilft dir das Clustering. Angenommen, du möchtest etwas über die Begegnung mit einem alten Mann schreiben. Dein erster Versuch sieht dann vielleicht so aus:

„Vor mir stand ein Mann, dem man sein hohes Alter ansah. Ich glaubte, er hätte etwas zu verbergen!"

Du kannst aber auch schreiben:

„Ich begegnete einem alten Mann, den die Jahre gekrümmt hatten wie Äste im Wind. Er trug seine Wahrheit stolz und tief in sich, unberührt von seinen alternden Gliedern und seinem gekrümmten Rücken."

Hier lieferte das Cluster die entscheidenden Assoziationen für die zweite Formulierung:

**Übung**

Probier's aus! Erstelle als Assoziationsübung ein Cluster zu „grün" oder „kalt"! Nimm dir dazu eine Minute Zeit.

Referate haben den unangenehmen Nebeneffekt, dass du sie nicht nur erstellen, sondern auch halten – also deine Ergebnisse präsentieren musst! Für eine gelungene Präsentation sind verschiedene Dinge zu berücksichtigen. Wir wollen uns hier auf die Fragen beschränken, bei denen dir Mind Mapping zu einem guten Vortrag verhelfen kann.

## Vorbereitungen treffen

Wenn du dein Referat vollständig erarbeitet hast, solltest du das Wichtigste auf einer großen Mind Map zusammentragen. Zu viel für eine Mind Map? – Dann erstell eine Mind Map für den Überblick und für jeden Ast eine weitere. Präg dir diese Mind Map(s) ein und trag sie anschließend aus dem Gedächtnis laut vor. Dabei solltest du dich natürlich nicht darauf beschränken, die Schlüsselwörter aufzuzählen. Du musst Sätze formulieren, Überleitungen finden und Zusammenhänge aufzeigen.

## Die Mind Map als Redemanuskript

Die Vorbereitung mit Mind Mapping gewährleistet, dass du deinen Vortrag frei halten kannst, ohne ablesen zu müssen. So kannst du auch besser den Blickkontakt zu deinen Zuhörern halten. Auch über den Inhalt deines Referats behältst du stets den Überblick. Bei Fragen der Zuhörer musst du nicht in deinen Unterlagen blättern, sondern kannst einfach in Gedanken zu einem anderen Zweig wechseln. Du verlierst dadurch nicht den roten Faden und hast die Möglichkeit zu entscheiden, ob du bei diesem Ast weiter machen oder lieber wieder zurückspringen willst.

## Die Mind Map als Visualisierungshilfe

Bei einem Vortrag ist es wichtig, die eigenen Ideen in Form von Stichworten oder Bildern für die Zuhörer sichtbar zu machen. (Du erinnerst dich?! „Um sich begreiflich zu machen, muss man zum Auge reden.“) Auch dazu bietet das Mind Mapping zahlreiche Möglichkeiten.

- Du kannst eine zusammenfassende Mind Map als Kopie an die Zuhörer verteilen.
- Du kannst parallel zu deinem Vortrag eine Mind Map mit bunter Kreide an die Tafel malen oder mit bunten Stiften ein Plakat erstellen, z.B. auf einem Stück Tapete. So können die Zuhörer deine Gedanken besser nachvollziehen, da Wort und Bild gleichzeitig entstehen. Falls noch Anregungen aus dem Publikum kommen, kannst du diese in der Mind Map ergänzen. Die Mind Map auf dem Plakat kannst du zu Hause mit Bleistift vorskizzieren. So hast du eine zusätzliche Gedächtnisstütze.
- Computerprogramme wie „eMindMap“ bieten die Möglichkeit, farbige Mind Maps mit Bildern und Symbolen zu erstellen. Du kannst sie dann Ast für Ast auf verschiedene Folien drucken und diese auf dem Overhead-Projektor nach und nach übereinanderlegen.

# Mit Mind Maps planen



Kennst du Situationen, in denen nichts läuft, wie es geplant war? Radtouren, die überall hinführen – nur nicht ans Ziel, oder Ausflüge, bei denen Sehenswürdigkeiten wegen Umbauarbeiten nicht besichtigt werden können? Bei schlechter Planung können solche Vorhaben schnell zur frustrierenden Stress-Veranstaltung werden. Auch in der Schule sind deine Fähigkeiten als Profi-Planer gefragt. Zum einen musst du deine Zeit planen, z.B. wenn du dich auf Prüfungen vorbereitest, zum anderen kommen in der Schule immer häufiger neue Unterrichtsformen wie Wochenplanarbeit, Projektunterricht oder Projektwochen zum Einsatz. Wie du die Ergebnisse deiner (Projekt-)Arbeit mit Mind Mapping präsentieren kannst, weißt du bereits. Jetzt möchten wir dir zeigen, wie du die Planung und die Durchführung durch Mind Maps vereinfachen kannst. Auf Seite 43 findest du eine Beispiel-Mind-Map zur Planung einer Exkursion, bei der die Wasserqualität eines Flusses getestet werden soll.

## Warum mit Mind Mapping?

- Mind Maps sind übersichtlich strukturiert. Du siehst sofort, welche Aufgabe als nächste ansteht.
- Du hast alles im Blick und vergisst dadurch nichts.
- Mind Maps sind flexibel. Falls sich im Laufe der Planung ein neuer Aspekt ergibt, kannst du ihn leicht durch einen Ast an der richtigen Stelle ergänzen.

## Projekte verwirklichen

Die Arbeit an Projekten kannst du in vier Phasen einteilen. Mind Mapping hilft dir, diese Phasen optimal zu gestalten, egal ob du allein arbeitest oder in der Gruppe.

*Phase 1: Zielsetzung*

In dieser Phase einigt ihr euch gemeinsam auf das genaue Ziel des Projektes. Trag dazu die Ideen und Interessen aller Beteiligten in einer großen Mind Map zusammen und berate mit den anderen, was davon sinnvoll, interessant und durchführbar ist.

*Phase 2: Planung*

Erstell eine weitere Mind Map, die aufschlüsselt, wer was wann zu tun hat, welche Ausrüstung besorgt werden muss, welche Experten in das Projekt einbezogen werden sollen und wo Informationen gesammelt werden können.

*Phase 3: Ausführung*

Die Planungs-Mind-Map sollte in dieser Phase für alle zugänglich sein. Was erledigt ist, wird abgehakt.

*Phase 4: Beurteilung*

Am Ende steht die Kritik. Betrachtet zusammen das Ergebnis eurer Arbeit. Erfüllt es die Anforderungen der Mind Map aus Phase 1? Wurde die Planungs-Mind-Map vollständig umgesetzt?

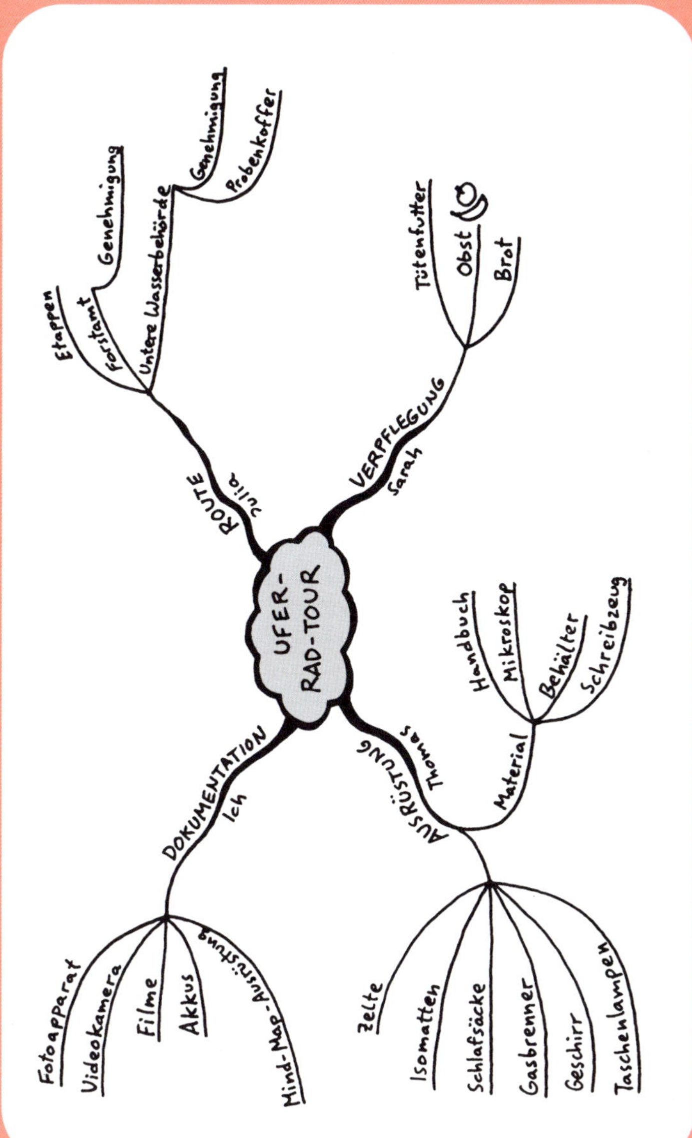
UFER-
RAD-TOUR
ROUTE
Julia
Etappen
Forstamt
Genehmigung
Untere Wasserbehörde
Genehmigung
Probenkoffer
VERPFLEGUNG
Sarah
Tütenfutter
Obst
Brot
DOKUMENTATION
Ich
Fotoapparat
Videokamera
Filme
Akkus
Mind-Map-Ausrüstung
AUSRÜSTUNG
Thomas
Material
Handbuch
Mikroskop
Behälter
Schreibzeug
Zelte
Isomatten
Schlafsäcke
Gasbrenner
Geschirr
Taschenlampen

## Den Tag planen

Bei jeder Planung spielt die Zeit eine entscheidende Rolle. Für die Zeitplanung eines Tages ist eine Mind Map ein pfiffiges Hilfsmittel, denn sie ist rund, wie eine Uhr. Da du vormittags ohnehin in der Schule bist, kannst du deine Tagesplanung von Mittag bis Mitternacht an einer Mind Map skizzieren. Was du z.B. um 3 Uhr zu tun hast, schreib auf einen Ast, der „bei 3 Uhr" an deiner Mind Map ansetzt. Das folgende Beispiel zeigt dir eine mögliche Tagesplanung.

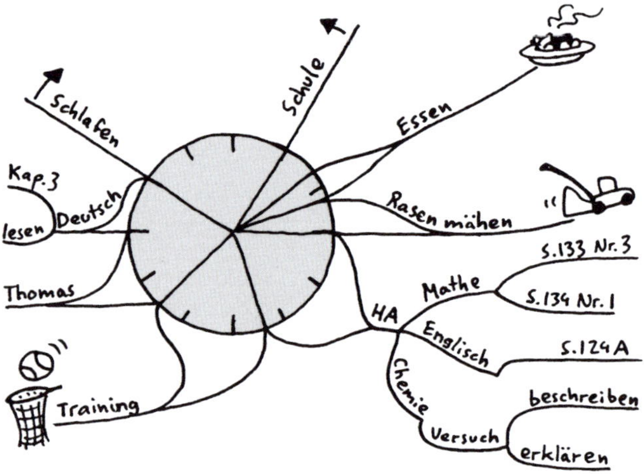


Die Zeitplanung konnte hier nur kurz angesprochen werden. Mehr dazu, insbesondere zur Zeitplanung vor Prüfungen, erfährst du in dem Buch „Zeitmanagement für Kids – fit in 30 Minuten" von Lothar J. Seiwert und Dirk Konnertz.

## *Übung*

Im Laufe der ersten drei Kapitel bist du zu einem echten Mind-Mapping-Profi geworden. Zeig nun, was du kannst, indem du eine Ausstellung zu den Ergebnissen der Fluss-Exkursion von Seite 43 vorbereitest – natürlich mit Hilfe einer Mind Map!

## *Zusammenfassung*

**Mind Mapping hilft dir, deine kreativen Fähigkeiten zu nutzen:**

- **Beim Schreiben von Aufsätzen, Hausarbeiten und Referaten bringst du durch Clustering mehr Einfälle zu Papier, die du in Form einer Mind Map übersichtlich strukturieren kannst. Durch Assoziationsübungen mit Hilfe von Clustering findest du Wörter und Begriffe, die dir helfen, gut zu formulieren.**
- **Zur Präsentation von Referaten oder Projektarbeiten eignen sich Mind Maps als Redemanuskript und Visualisierungshilfe.**
- **Mind Maps unterstützen dich bei der Planung von Projekten und großen Vorhaben sowie beim Einteilen deiner Zeit.**

# 4. Mind Mapping in der Schule

**Wie verschaffst du dir einen Überblick über Leben und Werk einer berühmten Person?**

**Wie kannst du mit Hilfe von Mind Maps leichter Grammatik lernen?**

**Wie nutzt du Mind Maps für Versuchsprotokolle?**

*„Das Schwierigste im Leben ist es, Kopf und Herz dazu zu bringen, zusammenzuarbeiten. Was mich angeht, verkehren sie noch nicht einmal auf einer freundschaftlichen Ebene.“*
*Woody Allen*

Geht es dir wie Woody Allen? Wir erwarten nicht von dir, dass du dich durch Mind Mapping in die Arbeit für die Schule verliebst. Aber sicherlich spricht dich eine Mind Map mehr an als ein Text oder eine Stichwortsammlung.

In den letzten beiden Kapiteln haben wir dir eine Vielzahl von Anwendungsmöglichkeiten des Mind Mappings aufgezeigt. Wir haben dir außerdem konkrete Beispiele für zwei deiner Unterrichtsfächer gegeben: die Wiederholungs-Mind-Map aus dem Mathematikunterricht und das Ergebnisprotokoll aus dem Sozialkundeunterricht.

Auf den folgenden Seiten findest du weitere Beispiele für den Einsatz von Mind Mapping in den verschiedenen Unterrichtsfächern. Als Übung kannst du die Mind Maps auf größere Blätter übertragen und mit Bildern, Farben und Symbolen ausschmücken. Lass dich von unseren Beispielen anregen und überleg selbst, in welchen Fächern du welche Art von Mind Maps erstellen kannst.

Literarische Texte sind ein wichtiger Bestandteil des Deutschunterrichtes. Dabei kommt es nicht nur darauf an, dass du den Inhalt der Bücher erfasst. Wenn du z. B. einen Roman richtig verstehen willst, ist es oft hilfreich, ein paar Informationen über den Autor in Erfahrung zu bringen. Eine Autorenbeschreibung hilft dir dabei. Auf der rechten Seite siehst du eine Mind Map über Heinrich Böll. Wie bei jeder Mind Map wurden auch hier Schlüsselwörter verwendet, die du nur entschlüsseln kannst, wenn du dich näher mit dem Thema beschäftigt hast. Die Mind Map allein reicht nicht aus, um über Böll informiert zu sein, aber sie eignet sich hervorragend als Gedächtnisstütze und als Hilfe beim Sammeln von Informationen. Zur Erklärung der Schlüsselwörter:

- *Gruppenbild* mit Dame, 1971
- Ende einer *Dienstfahrt*, 1966
- Entfernung von der *Truppe*, 1964
- *Doktor Murkes* gesammeltes Schweigen und andere Satiren, 1958
- Die verlorene Ehre der Katharina *Blum*, 1974
- Ansichten eines *Clowns*, 1963
- *Billard* um halb zehn, 1959
- Wo warst du, *Adam*?, 1951
- Der *Zug* war pünktlich, 1949

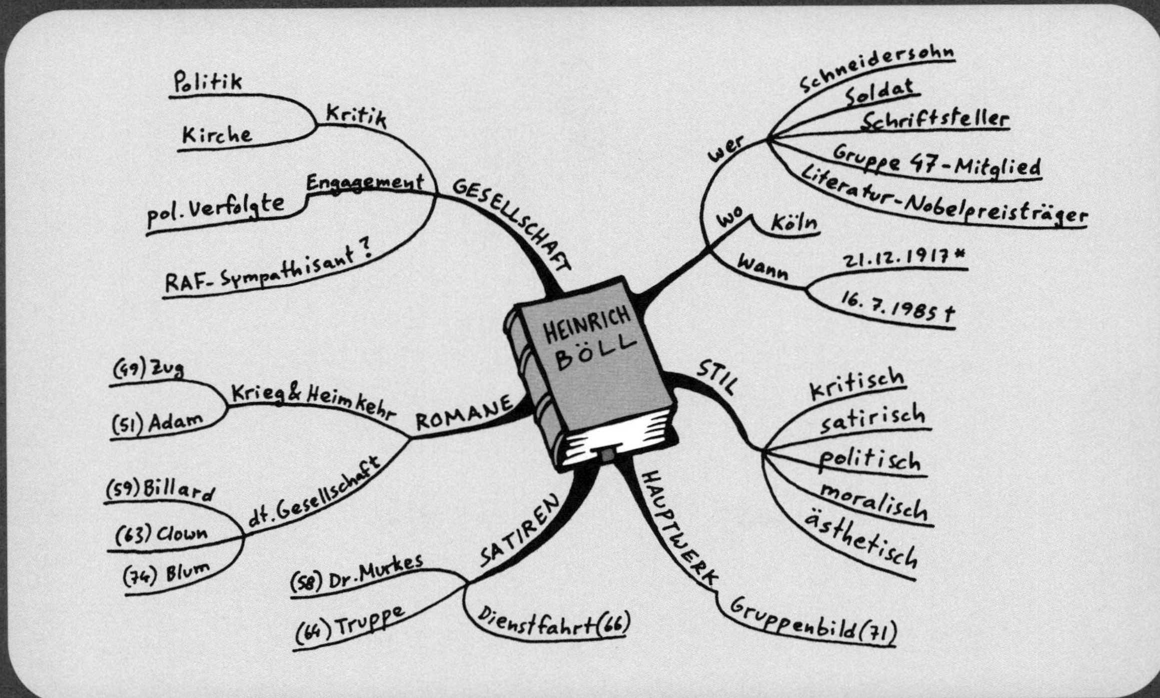
HEINRICH BÖLL
GESELLSCHAFT
Kritik
Politik
Kirche
Engagement
pol. Verfolgte
RAF-Sympathisant ?
ROMANE
Krieg & Heimkehr
(49) Zug
(51) Adam
dt. Gesellschaft
(59) Billard
(63) Clown
(74) Blum
SATIREN
(58) Dr. Murkes
(64) Truppe
Dienstfahrt (66)
HAUPTWERK
Gruppenbild (71)
STIL
kritisch
satirisch
politisch
moralisch
ästhetisch
wer
Schneidersohn
Soldat
Schriftsteller
Gruppe 47-Mitglied
Literatur-Nobelpreisträger
wo
Köln
wann
21.12.1917 *
16. 7. 1985 †

Für den Englischunterricht haben wir ein Beispiel aus dem Bereich Grammatik gewählt. Die klar geregelte grammatikalische Struktur kann durch eine Mind Map optimal wiedergegeben werden. Das Beispiel auf der nächsten Seite zeigt außerdem, dass Mind Maps sehr unterschiedlich aussehen können. Hier gibt es nur zwei Hauptäste, die die beiden Präsensformen beschreiben. Es ist sinnvoll, die Mind Map auf beiden Seiten von oben nach unten zu lesen. Dir fällt bestimmt auch auf, dass die Schlüsselwörter aus Großbuchstaben zusammengesetzt sind. Da im Englischen fast alles klein geschrieben wird, erregt diese Schreibweise mehr Aufmerksamkeit.

Natürlich kannst du auch im Fach Englisch Mind Maps für Textauswertungen oder Autorenbeschreibungen nutzen, genauso wie in allen anderen sprachlichen Fächern. Wenn du künftig in Deutsch, Englisch, Französisch, Spanisch oder auch Latein Mind Mapping verwendest, um

- Grammatik zu lernen,
- Texte auszuwerten und zu erfassen,
- Personen zu beschreiben oder
- Aufsätze zu verfassen,

wirst du beim Lernen einer Sprache mehr Freude und Erfolg haben.

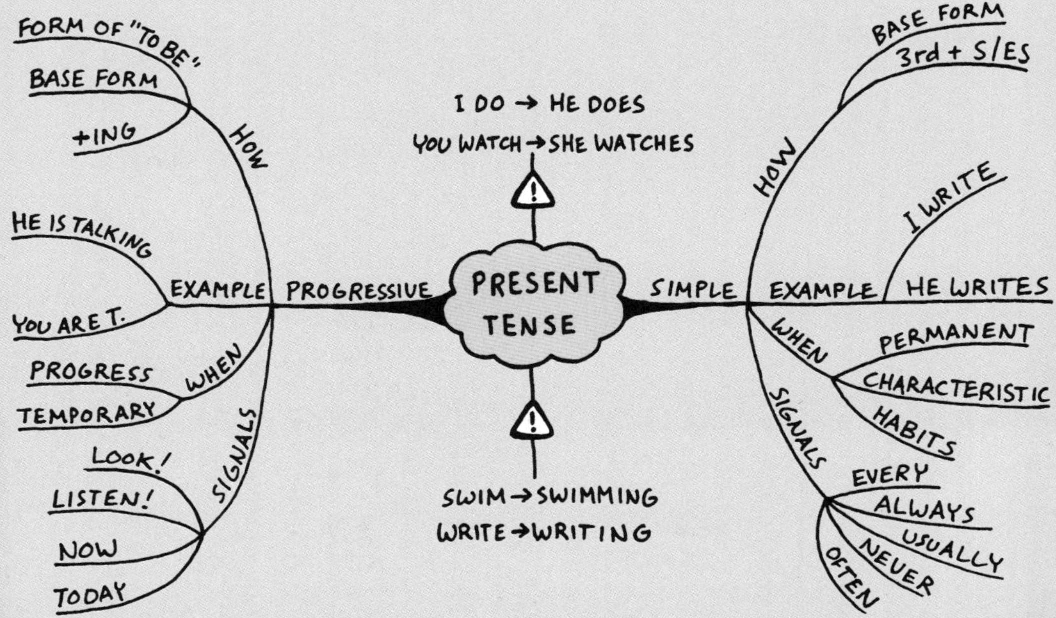
PRESENT TENSE
SIMPLE
HOW
BASE FORM
3rd + S/ES
EXAMPLE
I WRITE
HE WRITES
WHEN
PERMANENT
CHARACTERISTIC
HABITS
SIGNALS
EVERY
ALWAYS
USUALLY
NEVER
OFTEN
I DO → HE DOES
YOU WATCH → SHE WATCHES
SWIM → SWIMMING
WRITE → WRITING
PROGRESSIVE
HOW
FORM OF "TO BE"
BASE FORM
+ING
EXAMPLE
HE IS TALKING
YOU ARE T.
WHEN
PROGRESS
TEMPORARY
SIGNALS
LOOK!
LISTEN!
NOW
TODAY

Jede Mind Map ist ein kleines Kunstwerk. Da wundert es nicht, dass Mind Mapping gerade in der Theorie des Kunstunterrichts hervorragend angewendet werden kann. Skizzen und Abbildungen, die wichtig sind, kannst du leicht in deine Mind Map aufnehmen. Gemälde, Gebäude oder Zeichnungen werden meist aus sehr verschiedenen Perspektiven betrachtet und wirken auf verschiedene Beobachter sehr unterschiedlich. Diesen vielperspektivischen Blick kannst du durch eine Mind Map mit vielen Ästen gut wiedergeben.

Auf der rechten Seite findest du eine Mind Map zu einem europäischen Kunststil – der Gotik. Den gewählten Ansatz – die Zeit, die Region, die Merkmale und die wichtigsten Vertreter in die Mind Map aufzunehmen – kannst du auch auf andere Epochen der Malerei oder Architektur anwenden. Die wichtigsten Aspekte werden damit angesprochen.

Weitere Anwendungsmöglichkeiten sind:

- einen Künstler beschreiben, ähnlich wie es für einen Schriftsteller auf Seite 49 geschehen ist,
- ein Kunstwerk beschreiben und interpretieren, ähnlich wie du einen literarischen Text interpretierst.

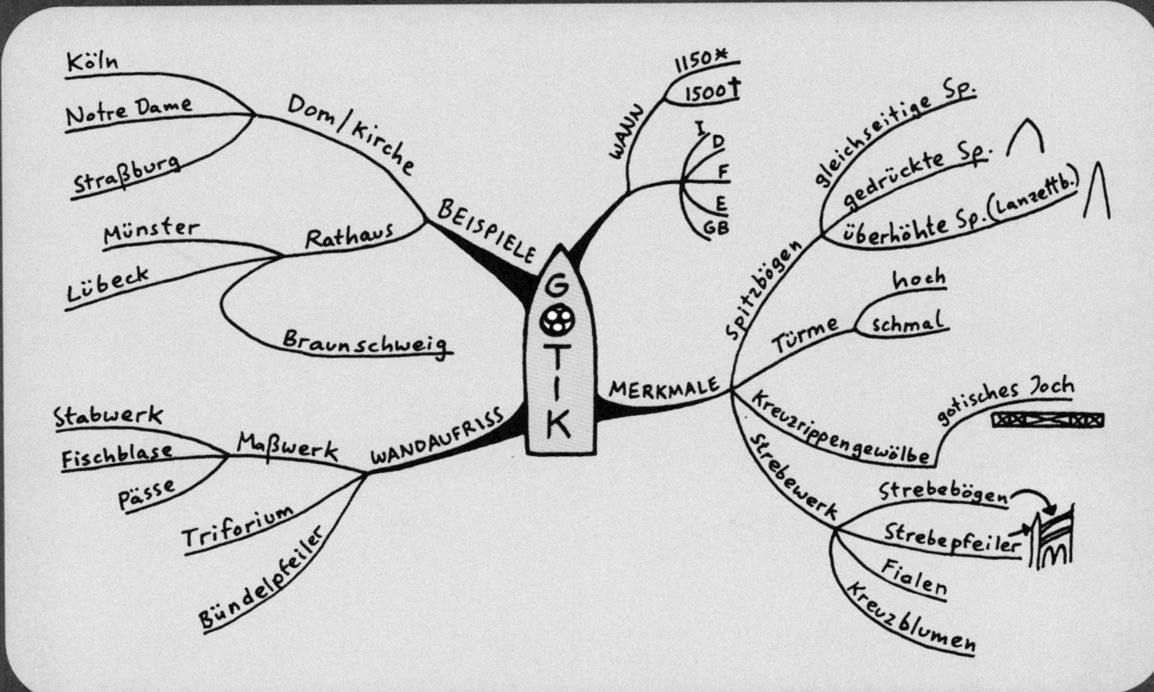
GOTIK
BEISPIELE
Dom/Kirche
Köln
Notre Dame
Straßburg
Rathaus
Münster
Lübeck
Braunschweig
WANN
1150*
1500†
I
D
F
E
GB
MERKMALE
Spitzbögen
gleichseitige Sp.
gedrückte Sp.
überhöhte Sp. (Lanzettb.)
Türme
hoch
schmal
Kreuzrippengewölbe
gotisches Joch
Strebewerk
Strebebögen
Strebepfeiler
Fialen
Kreuzblumen
WANDAUFRISS
Maßwerk
Stabwerk
Fischblase
Pässe
Triforium
Bündelpfeiler

Das Analysieren von Texten, sogenannten Quellentexten, spielt im Geschichtsunterricht, aber auch in Sozialkunde, Ethik und Religion eine große Rolle. Einen solchen Quellentext, der z.B. die Ursachen der Französischen Revolution behandeln könnte, solltest du stets mit Hilfe des Verfahrens von Kapitel 2 bearbeiten. Mind Maps eignen sich außerdem, um damit geschichtliche Abläufe darzustellen. Die wesentlichen Ereignisse des 30-jährigen Krieges, der Verlauf der deutschen Revolution von 1848, wichtige Daten auf dem Weg der Machtergreifung Hitlers oder die Ereignisse, die zum Fall der Mauer führten, können in einer Mind Map zusammengetragen werden. Verfahre dabei stets nach folgendem Muster:

- Ordne die Ereignisse nach ihrem Datum.
- Beginn mit dem ersten Ereignis oben rechts.
- Schreib das Datum oder den Zeitraum auf einen Hauptast.
- Füg das Schlüsselwort, das das Ereignis beschreibt, mit einem Zweig an.
- Vervollständige die Mind Map im Uhrzeigersinn! Wenn, wie bei dem Beispiel zur Französischen Revolution auf der rechten Seite, alle Ereignisse innerhalb eines Jahres passierten, kannst du die Mind Map als „Jahresuhr“ betrachten. Was z.B. im Mai geschah, wird auf einem Ast bei „5 Uhr“ notiert, Ereignisse vom Dezember bei „12 Uhr“.

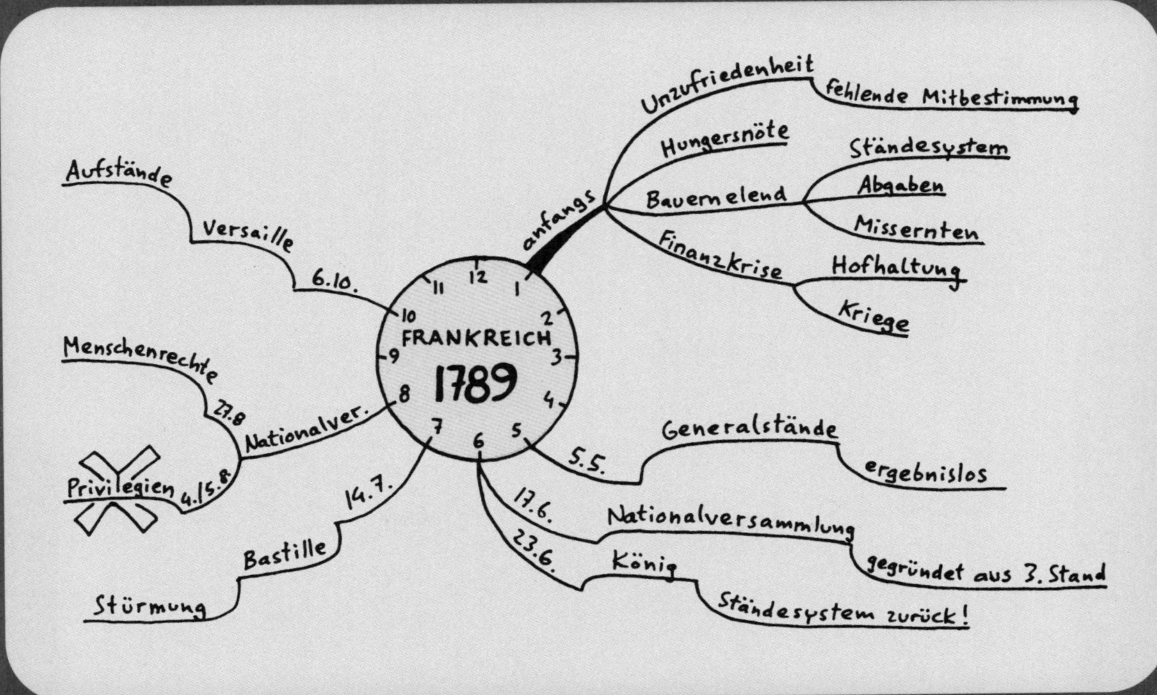
FRANKREICH
1789
anfangs
Unzufriedenheit
fehlende Mitbestimmung
Hungersnöte
Bauernelend
Ständesystem
Abgaben
Missernten
Finanzkrise
Hofhaltung
Kriege
5.5.
Generalstände
ergebnislos
17.6.
Nationalversammlung
gegründet aus 3. Stand
23.6.
König
Ständesystem zurück!
14.7.
Bastille
Stürmung
Nationalver.
27.8
Menschenrechte
4./5.8.
Privilegien
6.10.
Versaille
Aufstände

Die Anwendungsmöglichkeiten für Mind Mapping beschränken sich nicht auf Fächer, in denen vorwiegend mit Texten gearbeitet wird. Auch in naturwissenschaftlichen Fächern kannst du vom Mind Mapping profitieren. Bei Versuchen in Physik und Chemie lohnt es sich, Verlaufsprotokolle als Mind Maps zu erstellen. Das geht zum einen schnell, zum anderen kannst du zusätzliche Beobachtungen deiner Mitschüler später leicht ergänzen. Das Lernen von Formeln wird durch Mind Maps einfacher, wenn du die Formel in die Mitte des Blattes schreibst und an jeden Buchstaben einen Ast mit der Bezeichnung der physikalischen Größe zeichnest. Doch Vorsicht! Die reine Kenntnis der Formel reicht noch nicht aus, um sie auch richtig anzuwenden. Du musst die Formel verstanden haben und wissen, wann du sie anwenden darfst.

Auf Seite 57 ist eine Mind Map aus der Wärmelehre abgebildet. Sie erklärt die Funktionsweise des 4-Takt-Otto-Motors. Das Prinzip dieser Darstellung kannst du auf viele Beispiele aus der Physik und der Chemie übertragen. Jedesmal, wenn du die Funktionsweise einer Maschine oder eines Prozesses erklären sollst, kannst du dies mit einer Mind Map tun. Beginn oben rechts und arbeite dich im Uhrzeigersinn Schritt für Schritt weiter.

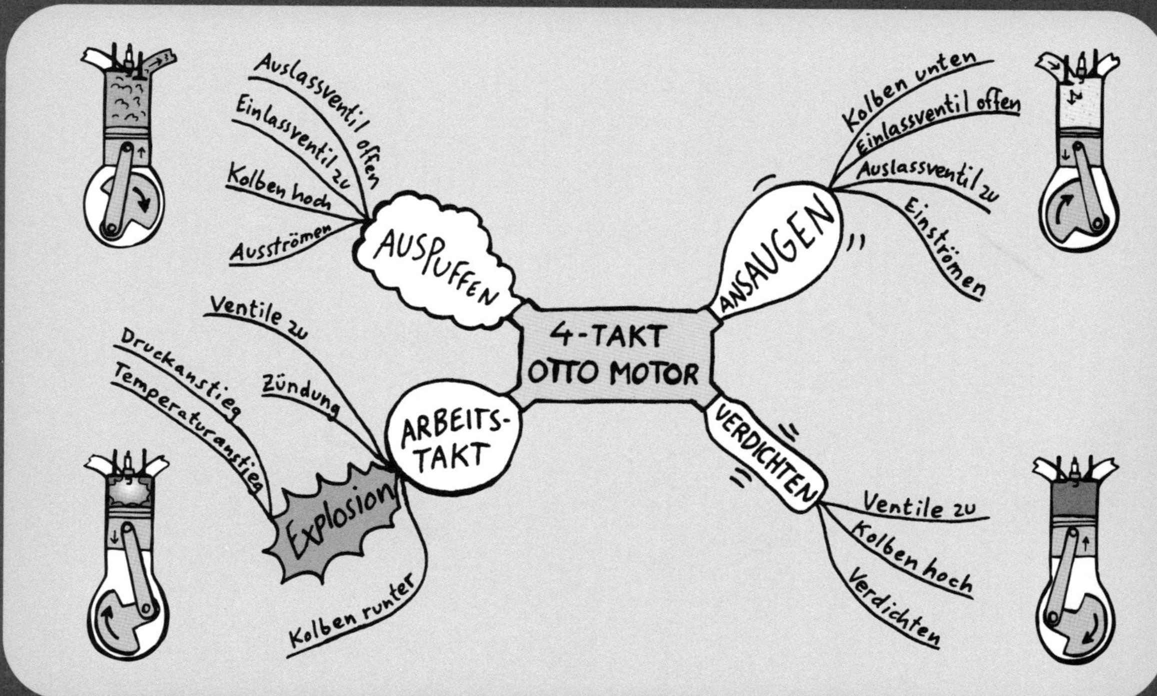

4-TAKT OTTO MOTOR
ANSAUGEN
Kolben unten
Einlassventil offen
Auslassventil zu
Einströmen
VERDICHTEN
Ventile zu
Kolben hoch
Verdichten
ARBEITS-TAKT
Ventile zu
Zündung
Explosion
Druckanstieg
Temperaturanstieg
Kolben runter
AUSPUFFEN
Auslassventil offen
Einlassventil zu
Kolben hoch
Ausströmen

Biologen benutzen sehr häufig Abbildungen, die Mind Maps in vielen Punkten sehr ähnlich sind. So zeichnen sie Stammbäume, wenn sie im Rahmen der Vererbungslehre erklären wollen, wie sich eine Erbanlage auf die Nachkommen überträgt. Jede Generation entspricht dabei einem Ast, die einzelnen Nachkommen sind mit Zweigen dargestellt.
Ein weiteres Beispiel liefern die Nahrungsketten. Mit Mind Maps kannst du beschreiben, wer wen frisst: Schreib den Räuber auf einen Ast und die Beutetiere auf die Zweige. Diejenigen, die die Beutetiere zuvor verspeist haben, fügst du an noch kleineren Zweigen an usw…
In der Biologie werden verschiedene Tiere oder Pflanzen mit gleichen Merkmalen in einer Gruppe zusammengefasst. So gibt es im Tierreich die Gruppe der Metazoa, die wiederum den Stamm der Chordatiere umfasst, die sich in Manteltiere, Schädellose und Wirbeltiere als Unterstämme aufteilen.

Du siehst, dass du solche Zusammenhänge sehr umständlich erklären musst, wenn du ausschließlich Worte verwendest. Einfacher wird es mit Mind Maps. Überzeug dich selbst! Auf der nächsten Seite findest du eine Mind Map, die die Wirbeltiere klassifiziert.

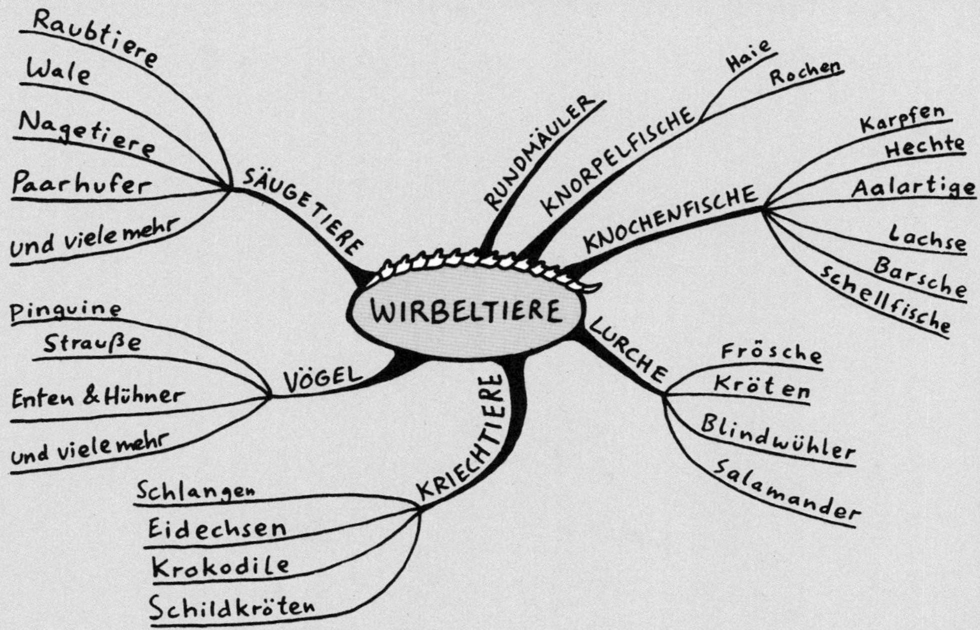
WIRBELTIERE
SÄUGETIERE
Raubtiere
Wale
Nagetiere
Paarhufer
und viele mehr
VÖGEL
Pinguine
Strauße
Enten & Hühner
und viele mehr
KRIECHTIERE
Schlangen
Eidechsen
Krokodile
Schildkröten
RUNDMÄULER
KNORPELFISCHE
Haie
Rochen
KNOCHENFISCHE
Karpfen
Hechte
Aalartige
Lachse
Barsche
Schellfische
LURCHE
Frösche
Kröten
Blindwühler
Salamander

Sicher findest du weitere Anwendungsmöglichkeiten. Falls du mit eMindMaps arbeiten solltest, kannst du uns gelungene Beispiele gerne mailen. Wir freuen uns über jede neue Anregung. Mails an: bjoern.gemmer@lernteam.de.

## *Zusammenfassung*

**Die Möglichkeiten für Mind Mapping in der Schule sind sehr vielfältig. Neben dem Auswerten von Texten, dem Protokollieren von Unterrichtsstunden und dem Lernen für Prüfungen bieten zahlreiche Arten von Mind Maps viele Anwendungsmöglichkeiten für die verschiedenen Fächer.**

- **Deutsch, Kunst und Musik:**
  **Künstlerbeschreibungen, Interpretationen, Darstellen einzelner Epochen.**
- **Geschichte, Sozialkunde:**
  **Bearbeiten von Quellentexten, Beschreiben wichtiger Politiker, Freiheitskämpfer und Bürgerrechtler, Darstellen zeitlicher Abläufe.**
- **Naturwissenschaften:**
  **Verlaufsprotokolle zu Versuchen, Beschreiben von Prozessen und Kreisläufen, Veranschaulichen von Formeln, Klassifizierungen.**

# Empfehlenswerte Bücher



Buzan, Tony & North, Vanda:
*Mind Mapping*
Wien: htp-Verlag 1997

Hertlein, Margit:
*Mind Mapping – Die kreative Arbeitstechnik*
Reinbek: Rowohlt Verlag 1998

Konnertz, Dirk & Sauer, Christiane & Kneip Wilfried:
*Lern-Landkarten*
Mühlheim a.d. Ruhr: Verlag an der Ruhr 1998

Konnertz, Dirk & Sauer, Christiane:
*Lernspaß – fit in 30 Minuten*
Offenbach: GABAL Verlag 2000

Rico, Gabriele L.:
*Garantiert Schreiben Lernen*
Reinbek: Rowohlt Verlag 1998

Sauer, Christiane & Konnertz, Dirk:
*Power-Gedächtnis – fit in 30 Minuten*
Offenbach: GABAL Verlag 2000

Svantesson, Ingemar:
*Mind Mapping und Gedächtnistraining*
Offenbach: GABAL Verlag 1998

# Stichwortregister

## Kennst du schon die anderen Bücher aus der Reihe „Kids auf der Überholspur"?

Lothar J. Seiwert
Dirk Konnertz
**Zeitmanagement für Kids**
**– fit in 30 Minuten**

Björn Gemmer
**Konzentration**
**– fit in 30 Minuten**

Dirk Konnertz
Christiane Sauer
**Lernspaß**
**– fit in 30 Minuten**

Barbara Hipp
**Stressbewältigung**
**– fit in 30 Minuten**

Christiane Sauer
Dirk Konnertz
**Power-Gedächtnis**
**– fit in 30 Minuten**

Sebastian Sauer
**Internet**
**– fit in 30 Minuten**

Barbara Hipp
**Selbstbewusstsein**
**– fit in 30 Minuten**

Dirk Konnertz
Dirk Jennemann
**Flirten**
**– fit in 30 Minuten**

Ulrich Strunz
Dirk Konnertz
**Fitness**
**– fit in 30 Minuten**

R. K. Sprenger
Christiane Sauer
**Motivation**
**– fit in 30 Minuten**

GABAL Verlag
Schumannstraße 155 · 63069 Offenbach
Tel.: (0 69) 83 00 66-0 · Fax: (0 69) 83 00 66-66
E-Mail: info@gabal-verlag.de

Kids auf der Überholspur